Paul Heitz, Paul Heitz

Originalabdruck von Formschneider-Arbeiten des XVI, XVII und XVIII.

Jahrhunderts

Paul Heitz, Paul Heitz

Originalabdruck von Formschneider-Arbeiten des XVI, XVII und XVIII. Jahrhunderts

ISBN/EAN: 9783743429680

Hergestellt in Europa, USA, Kanada, Australien, Japan

Cover: Foto ©ninafisch / pixelio.de

Manufactured and distributed by brebook publishing software (www.brebook.com)

Paul Heitz, Paul Heitz

Originalabdruck von Formschneider-Arbeiten des XVI, XVII und XVIII.

Jahrhunderts

ORIGINALABDRUCK

VON

FORMSCHNEIDER-ARBEITEN

DES XVI. UND XVII. JAHRHUNDERTS

NACH ZEICHNUNG UND SCHNITT VON

TOBIAS STIMMER, HANS BOCKSPERGER, CHRISTOPH MAURER,
JOST AMMAN, C. VAN SICHEM, LUDWIG FRIG U. A.

AUS DEN STRASSBURGER DRUCKEREIEN

DER PRÜSS, MESSERSCHMID, RIHEL, CHRISTOPH VON DER HEYDEN, BERNHARD JOBIN, JOST MARTIN,
NICOLAUS WALDT, CASPAR DIETZEL, LAZARUS ZETZNER U. A.

MIT ERLÄUTERNDEM VERMEHRTEM TEXT HERAUSGEGEBEN

VON

PAUL HEITZ.

ZWEITE AUFLAGE.

STRASSBURG

J. H. ED. HEITZ (HEITZ & MÜNDEL)

1892.

DRUCK VON HEITZ & MÜNDEL IN STRASSBURG.

Welchen Antheil Strassburg an der Erfindung und Entwickelung der Buchdruckerkunst beanspruchen darf, ist hinreichend bekannt. Aus keiner anderen Stadt sind im Laufe des XV. und XVI. Jahrhunderts eine grössere Anzahl von Druckwerken hervorgegangen, unter denen viele zugleich durch die in ihnen enthaltenen zum Theil von hervorragenden Künstlern herrührenden Illustrationen für die Geschichte der deutschen Holzschneidekunst von grosser Wichtigkeit sind. Die mit der Verlagsbuchhandlung von Heitz und Mündel verbundene Druckerei, als Erbin einer Reihe früherer Strassburger Offizinen, befindet sich im Besitze einer umfangreichen und bis in die ältesten Zeiten hinaufreichenden Sammlung von Originalstöcken. In vorliegender Form wurden diese Stöcke im Jahre 1890 zur 450jährigen Gedenkfeier der Erfindung der Buchdruckerkunst in einer kleinen Anzahl von Exemplaren wiederabgedruckt. Die unerwartet grosse Nachfrage nach diesem ersten Neudruck hat den Herausgeber ermuthigt einen zweiten Abdruck dieser Stöcke zu veranstalten.

Wie hoch die Kunst ihrer Urheber schon von ihren Zeitgenossen geschätzt worden ist, dies geht aus dem Urtheil hervor, das der Verleger Bernhard Jobin[*] über Johann Holbein und Tobias Stimmer in folgenden Worten ausgesprochen hat: *«So kann ich nicht ohn rühmlich meldung gedencken der recht Kunstsinnigen Johann Holbein Burgern zu Basel, vnd Tobias Stimmern von Schaffhausen. Sintenmal sie beynach allein vnder andern vielen die bestendige ware geschicklichkeit vnnd art des rechten Malens durch ihre offenbare monument erhalten, vnd sich der frembden Welschen art zümalen (die heut der mehste theil nacháfft, vnd doch nicht für die beste weiss gründlich bestehn vnd beschützet kan werden) entschlagen. Darumb ich*

---

[*] In der Vorrede zu : «Accuratae effigies pontificum maximorum etc. Strassburg. Jobin 1573.»

sie nicht ohn sondern bedacht hab züsammen wollen setzen, dieweil sie beide mir wol bekandt, vnd sich nicht allein als Landsleut, sonder auch der art, künstlicheit vnd recht kunstfüglicher stellung vergleichen.»

Wie mir erst inzwischen aus einer Angabe bei Bigmore and Wyman (A bibliography of printing, London 1880-86) bekannt wurde, sind im Jahre 1860 eine Anzahl dieser Stöcke auf 9 Tafeln in Grossfolio-Format (L B) zusammengestellt und mit Nummern versehen abgezogen worden. Dieselben kamen jedoch nicht in den Handel. Auf diesen Tafeln sind noch andere Stöcke abgezogen worden, welche in der nächsten Zeit veröffentlicht werden sollen.

Ein Theil dieser Sammlung ging im Jahre 1840 in die Hände eines Pariser Buchhändlers namens Hingray über, darunter wahrscheinlich die Stimmer'schen Holzschnitte der Bilderbibel von 1576 (s. Anmerkung zu Tafel V); die Rückseite eines Theiles wurde zu andern unbedeutenden Stöcken verwendet, viele gingen im Laufe der Zeit verloren, ein grosser Theil ist aber durch den Sammeleifer meines Grossvaters, Carl Friedrich Heitz, erhalten geblieben.

Von einer vollständigen Titelangabe der Werke, worin diese Holzschnitte abgedruckt sind, sowie von Beschreibung der einzelnen Holzschnitte ist da abgesehen worden, wo in Andresens Peintre-Graveur oder einem anderen Werke solches geschehen ist. Der Hinweis auf diese Werke ist dem erklärenden Text beigegeben.

Dem erklärenden Text dieser zweiten Auflage sind einige Zusätze beigefügt worden. Ausser den in nachsichtigen Recensionen* angegebenen Irrthümern sind mir leider keine Auskünfte über unaufgeklärte Punkte ertheilt worden. Ich wiederhole desshalb die Bitte, dass die geneigten Sammler, welche im Stande sind, mir irgend eine zur Vervollständigung des erläuternden Textes dienende Nachricht zu geben, meines grossen Dankes versichert sein können, sowie auch ich gern bereit bin, jedem Interessenten gewünschte Auskunft zu geben.

---

* Börsenblatt vom 6. August 1890 Nr. 180; Kunstchronik 23. Juli 1890 Nr. 31; Litterarisches Centralblatt Nr. 16 1891; Revue critique 13 octobre 1890 Nr. 41; Chronik für vervielfältigende Kunst, Wien 1891.

Strassburg, den 11. Mai 1892.

TAFELERKLÄRUNGEN.

Tafel I.

Nachschnitte von Holbein's Todtentanz für eine bis jetzt nur durch Neudruck der Holzstöcke bekannte Strassburger Ausgabe aus dem Jahre 1546. Die Rückseite der Stöcke ist für Rothdruck hergerichtet. In der öffentlichen Kunstsammlung zu Basel (Mappe Holbein Bl. 23) befinden sich 11 Abzüge von Stöcken dieser Ausgabe, jedoch keiner der drei hier abgedruckten. Der Holzschnitt des Ritters mit dem Tode (in Basel) trägt unten in der Mitte ebenfalls die Jahreszahl 1546, wie die Nr. 2 unten rechts. In der K. Hof- und Staatsbibliothek zu München (Im. mort. 21c 80) befinden sich 24 Abzüge dieser Ausgabe, worunter die Nr. 2 und 3. Vgl. Massmann, Litteratur der Todtentänze, S. 29 und Douce, The Dance of Death, S. 113.

Tafel II.

Zeichnungen von Tobias Stimmer.

Nr. 1 befindet sich abgedruckt in Fischart's Geschichtklitterung (Strassburg, Jobin) 1575 (Berlin Z 3668). Spätere Ausgaben 1582, 1590, 1594, 1600, 1605, 1608, 1617, 1631 (die meisten L B). Vgl. Andresen, Peintre-Graveur, III, 159 Nr. 6; Kurz, Deutsche Bibliothek X, S. VII ff. und Neudrucke deutscher Litteraturwerke des 16. und 17. Jahrh. 1891 Nr. 65-71.

Nr. 1 sowie Nr. 2 und 3 sind abgedruckt in N. Reussner's Emblemata und Agalmata. Strassburg, Jobin 1587. (Strassburg, Privatbesitz.) Vgl. Andresen, III, 160 Nr. 90 und 160, VII, 153 und 156.

In Caspar Kleen, Wegweiser zu dem ewigen seligen Leben (Strassburg, Tobias Jobin) 1603, 4° (B W), sind dieselben 3 Stöcke auch abgedruckt.

Nr. 1 auf Seite 306, Nr. 2 auf Seite 277 und Nr. 3 auf Seite 192. Nr. 2 und 3 wurden ausserdem (bei Andresen nicht erwähnt) in Fischart's Aller Practick Grossmutter (Strassburg, Jobin) bei den Monaten September und Dezember angewandt in der Ausgabe von den Jahren 1574 (in Berlin befinden sich drei Ausgaben desselben Jahres), 1593, 1598, 1607 (alle drei in Strassburg) und 1623. Die Ausgaben d. J. 1572 und 1573 enthalten noch keine Holzschnitte.

In Fischart, Ismenius oder ein Vorbild stäter Liebe (Strassburg, Jobin's Erben) 1594, 8° (L B), ist Nr. 2 auf der Rückseite von S. 60, Nr. 3 auf der Rückseite von S. 63 abgedruckt.

Ein vierter Stock (Mann mit der Sense) gehörte im Jahre 1814 noch der Sammlung an. Derselbe und die drei hier abgedruckten befinden sich in «Neuer und Alter Schreib-Kalender von Matthesius Rheinhold» (Strassburg, J. H. Heitz) in den Jahrgängen 1803-14 abgedruckt.

Bei genauester Vergleichung der damaligen Abdrücke schien es, als ob in einigen der obengenannten Drucken der Druck von Messingschnitten oder Bleiclichés erfolgt wäre.

Tafel III.

Kopfleiste für einen Kalender des Jahres 1585. (Strassburger Stadt-Archiv.) Der Satz dieses Kalenders ist 82 Centimeter hoch und 30 Centimeter breit. Der eigentliche Kalender befindet sich in der Mitte. rechts und links desselben unter der Leiste sind die Wappen der «XXIIII Thümherren» abgedruckt. Unten links in Rothdruck: «Gestelt durch D. Lucam Baclodium Medicum et Astronomiae Studiosum zu Pfaltzburg.» Rechts: «Getruckt zü Strassburg bey Niclauss Waldt am Kornmärckt.« Der Stock mit der Mutter Gottes und dem Kinde ist jetzt von dem Nebenstock getrennt (auf dem verglichenen Drucke ist er es noch nicht) und wurde zu andern Drucksachen verwendet. Das Episcopalwappen ist ebenfalls vom Stocke getrennt und durch Zincographie wiedergegeben, da der Originalstock nicht mehr vorhanden ist. Die Stöcke wurden offenbar vor 1585 schon verwendet, da sie im beschriebenen Abdrucke abgenutzt sind.

Tafel IV.

Kopfleiste eines Kalenders (?). Der Stock hat offenbar zu grossen Auflagen gedient. Rechts unten Monogramm und Jahreszahl 1631.

Tafel V.

Zeichnung von Tobias Stimmer. Nach Andresen zuerst als Titelbordüre in Biblia sacra veteris et novi Testamenti, secundum editionem vulgatam. Th. Gwarin Basiliae 1578 abgedruckt, dann als Titelbordüre in Novae Tobiae Stimmeri sacrorum bibliorum figurae: versibus latinis et Germanicis expositae etc. (Strassburg, Jobin) 1578-79, 1586, 1588 (?), Butsch, Bücherornamentik S. 32, 1589—1590 (Berlin Bh 5573), 1591, 1599, 1609 (Biblia, das ist: Die gantze heylige Schrift Teutsch D. M. Luther bei Lazarus Zetzner), 1625 (L B), 1628, 1693 (Göttingen) abwechselnd 4° und 8°. Die von Goedeke als in Berlin vorhanden erwähnten Ausgaben von 1579, 1586 und 1628 befinden sich nicht dort. Die Ausgabe 1589—1590 trägt das Symbol des Gwarin im Oval und unten als Drucker Bernhart Jobin. Die Ausgabe von 1609 in Verlegung Lazari Zetzners hat ebenfalls noch die Palme des Gwarin im Oval. Weller I und Andresen III, S. 246 geben an, dass die Ausgabe von 1625 von Marx von den Heyden gedruckt ist; der Drucker der in Strassburg befindlichen Ausgabe von 1625 ist jedoch Lazari Zetzners Erben (wie auch der Ausgabe von 1693). Vgl. Heitz, Elsässische Druckerzeichen S. 100 Tafel 4 Nr. 25; Weller's Annalen I, S. 333, Nr. 211; Goedeke Bd. II, S. 496, 25 und Andresen III 109, 148 II und VII. Merkwürdig ist die lange Zeit, während welcher von diesem Originalstock neue Auflagen gedruckt wurden (von 1578—1693).*

---

* Lichtenberger, Geschichte der Erfindung der Buchdruckerkunst, Strassburg 1824, S. 82 Note 3. sagt: »Die Holzstöcke sowohl der Bibel von 1603, als der Bilderbibel von

Tafel VI.

Nr. 1 und 2 Druckerzeichen des Strassburger Buchdruckers Johann Prüss. Abgedruckt bei Silvestre, Marques typographiques, unter Nr. 1106 und 1107. So wie die Zeichen hier abgedruckt sind, kommen dieselben in Drucken nie vor, sondern stets in der Form wie in Heitz, Elsässische Druckerzeichen unter Nr. 1 und 2, S. 16, Tafel VIII, angegeben. Die hier wiedergegebenen Zeichen sind von Eisen auf Holzfuss. Es ist kaum anzunehmen, dass dieselben dem Werke von Silvestre gedient haben, obwohl sie vollständig mit den zwei dort gebrachten identisch sind. Wahrscheinlich ist, dass sie als Original für die Bleichés von Silvestre gedient haben.

Nr. 3, 4, 5, 6 Druckerzeichen des Strassburger Buchdruckers Crafft Müller (Crato Mylius). Nr. 3, 4 und 6 sind bei Silvestre unter Nr. 1088, 1089 und 1265 abgedruckt. Nr. 3 ist vielleicht von Hans Baldung Grien gezeichnet. Vgl. Greuser, Hans Baldung, genannt Grien und seine heraldische Thätigkeit, Wien 1878. Nr. 5 fehlt bei Silvestre. *

Nr. 3, 5 und 6 sind Bleichés.

1625 besitzt ebenfalls die Heitzische Druckerei.« Lichtenberger hat offenbar die Bilderbibel nicht gesehen, denn in beiden von ihm genannten Werken sind dieselben Stöcke verwendet. Die Stimmer'sche Bilderbibel ist durch die vielen Auflagen, welche sie erlebt hat (die meisten sind sehr mangelhaft gedruckt), wohl bekannt und nicht so selten wie die Bibel von 1603. Ich fand dieselbe in der hiesigen Dock'schen Sammlung (Auction vom 16. October 1890). Die Titelbordüre von Tafel XI ist darin abgedruckt. Die Stöcke sind in der Originaleinfassung der 1. Ausgabe (1576) eingefasst. In der Foliobibel von 1618 (B W) (vgl. Tafel XII) sind ebenfalls dieselben Stöcke angewandt und von den auf Tafel XIV abgedruckten Leisten eingefasst. Dass Jobin für Thomas Gwarin die erste Ausgabe vom Jahre 1576 [Neue Ausgabe in Facsimile-Druck, München 1881] druckte, geht aus der Vorrede Fischart's dazu hervor. Wackernagel in seinem Buch über Johann Fischart schreibt S. 13: »Ich habe, sagte er (Fischart) am 1. April in der Zueignung der Figuren Biblischer Historien, die zwar ein Verlagswerk Thomas Gwarins in Basel waren, deren Holzschnitt und Text jedoch Bernhard Jobin in Strassburg druckte (die Holzschnitte nach Tobias Stimmer, den Text in Reimen von Joh. Fischart), ich habe, sagte er in dieser Zueignung, das Ansuchen des Basler Freundes um Begleitwerse zu den Bildern auch gelegenheit halben, dass ich um dis die Zeit über, als sie gedruckt worden, bei mein Schwager (Jobin) mich hielte, nicht wägern können noch sollen.« Dies sei nur als Beweis angeführt, dass die Stöcke damals hier in Strassburg angefertigt wurden und lange Jahre hindurch der Druckerei angehörten. Zwischen 1824—40 (s. Einleitung) sind diese Stöcke wahrscheinlich nach Paris verbracht worden. Der Titel der ersten Ausgabe ist von einem der um die Figuren abgedruckten Passepartout eingeschlossen.

* Für Nr. 3 vgl. Elsässische Druckerzeichen Nr. 10, S. 56. Tafel XXVIII; für Nr. 4 ebendaselbst Nr. 7, S. 54, Tafel XXVII; für Nr. 5 ebendaselbst Nr. 9, S. 54, Tafel XXVII; für Nr. 6 ebendaselbst Nr. 3, S. 52, Tafel XXVI.

Tafel VII.

Nr. 1 Druckerzeichen des Strassburger Buchdruckers Nicolaus Waldt. Bei Silvestre nicht abgedruckt. Vgl. Elsässische Druckerzeichen Nr. 1, S. 88, Tafel XLIV.

Nr. 2, 3 und 4 Drucker- oder Verlagszeichen des Strassburger Buchdruckers Lazarus Zetzner, seiner Erben und des Joachim Bockenhoffer's.[*] Nr. 2 und 4 sind bei Silvestre unter Nr. 1296 und 1218 abgedruckt. Zeichnung von Christoph Maurer. Vgl. Andresen III, 11, 12 und 13.

Tafel VIII und IX.

4 Initiale aus der ersten Hälfte des 16. Jahrhunderts. Aehnliche Initiale befinden sich abgedruckt in der Beilage zum Anzeiger für Kunde der deutschen Vorzeit 1874 Nr. 3 und in Hirth's Formenschatz der Renaissance I Nr. 39. Das W auf Tafel IX fehlt im Original und wurde desshalb zincographisch reproducirt, es findet sich auf einem Mandat-Bogen der Müntz-Valuation, Strassburg 1597 (St B), abgedruckt und ist schon sehr abgenutzt. Abdrücke der Nr. 1, 2, 4 und weitere Buchstaben dieses Alphabets haben sich nicht vorgefunden.

Tafel X.

Nr. 2 findet sich in einer Frankfurter Bibel des Jahres 1560 (L B) abgedruckt. Es ist anzunehmen, dass das P schon früher mit M und X abgedruckt worden ist, da das P in dem erwähnten Drucke schon abgenutzt ist.

Nr. 6 findet sich abgedruckt in: Das Gros Kirchen Gesangbuch . . . . . . Strassburg, Georg Messerschmid, 1540, 2°. (Kgl. B. München.) Die Initialen dieses Alphabets, welche in grosser Anzahl in diesem Werke vorkommen, sind roth gedruckt.

Nr. 7 findet sich auf Blatt 126 abgedruckt in: C. Suetonii tranquilli de vita duodecim Caesarum, Libri XII, Strassburg, J. Prüss, 1520, 4° (L B).

Tafel XI.

Titeleinfassung zum Neuen Testament. Zeichnung von Christoph Maurer (nach anderen von Tobias Stimmer), Schnitt von einem unbekannten

---

[*] Für Nr. 2 vgl. Elsässische Druckerzeichen Nr. 17, S. 98, Tafel XLIX; für Nr. 3 vgl. ebendaselbst Nr. 8, S. 92, Tafel XLVI; für Nr. 4 vgl. ebendaselbst Nr. 10, S. 92, Tafel XLVI.

Monogrammisten. Beide Monogramme befinden sich auf dem Holzschnitte. Vgl. Andresen III, 112 und Nagler, Monogrammisten IV, 1982.

Tafel XII.

Titeleinfassung mit Moses und Aaron, Jesus und Johannes, mit dem Druckerzeichen des Lazarus Zetzner. Zeichnung von Christoph Maurer. Vgl. Andresen III, 5, Elsässische Druckerzeichen Nr. 14, S. 96, Tafel XLVIII und Anmerkung zu Tafel VI.

Tafel XIII.

Nr. 1. Martin Butzer's Bildniss vom Jahre 1586. Vgl. Nagler, Monogr. II, 1356 und Brulliot I, 1691. Das Originalblatt ist 0.23 Ctm. hoch und 0,12 Ctm. breit (L B) und gebe ich es hier verkleinert wieder. Nach Nagler ist Daniel Seidel, das sog. Danielmännchen, der Verfertiger.

Nr. 2 Luther's Bildniss abgedruckt als Titelholzschnitt in: «Vierzehen Christliche Predigten . . .» (Strassburg, Chr. von der Heyden) 1618 (L B).

Nr. 3 Melanchthon's Bildniss.

Tafel XIV.

Zeichnungen von Tobias Stimmer und Christoph Maurer(?). Schnitt von Ludwig Frig. Vgl. Nagler, Monogr. IV, 1072 und II, 2238. Das Monogramm befindet sich auf Nr. 1, 2 und 4. Vgl. auch Anmerkung zu Tafel VI.

Tafel XV.

Die zehn Hauptstücke von Formschneidern, welche für Virgil Solis und Jost Amman gearbeitet haben. Vgl. Nagler, Monogr. II, 2313 und 1663. Oben die Jahreszahl 1571. Diese Platten (zwei Stücke) dienten wahrscheinlich zu einem oft aufgelegten Einblattdrucke.

Tafel XVI.

Nr. 1 Titelholzschnitt einer Strassburger Stadtordnung vom Jahre 1565 und 1568 (Strassburger Stadt-Archiv). Zeichnung von Tobias Stimmer. Abgedruckt bei Reiber, Insignia civitatis Argentoratensis.

Nr. 2 Titelholzschnitt der Strassburger Kirchenordnung des Jahres 1598. Gedruckt bei Jost Martin (L B). Abgedruckt bei Reiber.

Tafel XVII.

Titelholzschnitt in: Kurtzer Auszzug etlicher der Stadt Strassburg Freiheiten, etc. vom Jahre 1609. Abgedruckt bei Reiber. Die Rückseite des Holzes ist für Rothdruck hergerichtet.

Tafel XVIII—XXX.

Zeichnungen von Tobias Stimmer. Schnitte von Ch. Stimmer, Hans Bocksperger (Bernhard Jobin?), C. van Sichem, Chr. Maurer, Jean de Gourmont u. A.

Diese Stöcke sind in den Ausgaben des Titus Livius und Lucius Florus (Strassburg, Theodosius Rihel) abgedruckt. Verglichen sind die Ausgaben von den Jahren 1574, 1575, 1581, 1590, 1596, 1603, 1613, 1619 (sämmtlich in Strassburg L B und St B). Die beigedruckten Ziffern sind die bei Andresen III, 156 angegebenen, nach der Ausgabe von 1575. Von den 12 abwechselnd angewandten Passepartouts sind die ersten 5 erhalten (Nr. 1, 2, 3, 4, 5).

Die zwei mit 1* und 2* bezeichneten Stöcke sind in keiner der obengenannten Ausgaben abgedruckt, sie stammen vielleicht von früheren Auflagen her, weil sie mehr abgenutzt sind als die übrigen.

Monogramme kommen vor bei Nr. 1, 2, 5, 6, 8, 9, 17, 19, 23, 36, 60, 87, 123 und 128. Vgl. für die Monogramme Nagler, Monogr. I, 2096 und II, 393, 1110.

Nach Schweiger, Handbuch der classischen Bibliographie II, giebt es auch Ausgaben von den Jahren 1587, 1594, 1598, 1605, 1613 und 1619.

Die Leiste Nr. 4 und der Stock Nr. 51 sind auch in: «Neuer und Alter Strassburger Kalender» (Strassburg, Heitz) 1806 abgedruckt (L B).

Nr. 8 ist abgedruckt im Jahre 1840 in «Silbermann, Album typographique».

Tafel XXXI—XXXVII.

Zeichnungen von Tobias Stimmer. Schnitte von Tobias Stimmer (?), C. van Sichem, Hans Bocksperger u. A. Monogramme kommen vor bei Nr. 4, 5, 45. Abgedruckt im Neuen Testament von Erasmus von Rotterdam (Strassburg, Theodosius Rihel) 1576 (L B). Die unter den Bildern gedruckten Ziffern sind die bei Andresen III, 149 angegebenen. Nr. 98, welches eine Wiederholung von 83 ist, hat Andresen übersehen.

Tafel XXXVIII.

5 Zeichnungen zu den Evangelisten.

Tafel XXXIX und XL.

13 Zeichnungen zur Apokalypse. Dem Zeichner scheinen die bei Muther, Bücherillustration, II Nr. 221—225 wiedergegebenen Illustrationen von Holbein vorgelegen zu haben. Dieselbe Art der Zeichnung findet sich in Fischarts Ehezuchtbüchlein Seite 153 und 154.

Tafel XLI.

Zeichnung von Jost Amman. Monogramm auf der zweiten Querleiste. Während des Druckes dieser zweiten Auflage ist das Seitenstück, welches das I trug, abgebrochen. Titeleinfassung für eine Liviusausgabe (nach Andresen 1, 122). In den verschiedenen Liviusausgaben, welche mir zu Gesichte kamen, findet sich diese Einfassung nicht vor. Abgedruckt fand sich dieselbe in Sleidan's Warhafftige Beschreibung allerley fürnemer Händel etc. Strassburg, Christoff von der Heyden. 1624 bis 1625 (Strassburg, Privatbesitz). In dieser Ausgabe ist der Sprung unten im Holz schon vorhanden, Umstand der zu der Annahme berechtigt, dass die Einfassung früher (vielleicht 1555 als Erstlingsarbeit

Jost Amman's) gedruckt wurde und durch die bei Butsch, Bücherornamentik II. Theil, Tafel 59, wiedergegebene Einfassung ersetzt wurde, um später wieder, trotz des Sprunges, verwendet zu werden.

Tafel XLII—LXII.

Zeichnungen von Hans Bocksperger, auf Holz übertragen von Jost Amman, geschnitten von Jost Amman und dem unbekannten Formschneider F O. Die Stöcke stammen aus der berühmten Buchdruckerei des Sigismund Feyerabend, wo sie zu den Liviusausgaben der Jahre 1568, 1571, 1578, 1588, 1600 und 1610 verwendet worden sind. Für die Monogramme und Ausgaben vgl. C. Becker, Jobst Amman S. 56 ff., wobei zu bemerken ist, dass das Monogramm des Hans Bocksperger

(Nr. 14) sich auch auf Nr. 1 in der Mitte links befindet. Nagler, Monogr. I, 2096 und III, 606 giebt ebenfalls nur einen Stock mit dem Monogramm des Hans Bocksperger versehen an. Monogramme kommen vor auf Nr. 1, 2, 3, 4, 5, 7, 8, 10, 11, 12, 14, 16, 17, 19, 20, 21, 23, 24, 25, 26, 27, 28, 29, 30, 32, 33, 34, 35, 36, 37, 38, 41.

Für den genauen Titel der in nachfolgender Tabelle verzeichneten Werke vgl. Andresen I, 181, 201, 225. Die übrigen bei Andresen angeführten Werke, wie Promptuarium exemplorum und Pandectae triumphales, kommen für die hier abgedruckten Stöcke nicht in Betracht.

Diese Stöcke wurden in folgenden Werken verglichen:

Nr. Taf. XLII—LXII	Frankfurter Liviusausgabe des Sigismund Feyerabend vom Jahre 1568 (L. B).*	Separatausgabe der Livischen Figuren. Strassburg Caspar Dietzel 1631 (Berlin Wm. 1940).	Separatausgabe der Frankfurter Biblischen Figuren vom Jahre 1565 (München B. hist. 8°. 41).	Frankfurter Turnierbuch vom Jahre 1566 (L B).**
	Nr. bei Andresen.	Nr. in diesem Werke.	Nr. in diesem Werke.	Nr. in diesem Werke.
1	1	I		
2	2	II	65	
3	3	XXVII		
4	5	V		
5	6	VI		
6	8	VIII		
7	9	IX		
8	10	X		
9	13	XIV		
10	14	XV		
11	15	XVI		4
12	16	XVII		
13	20	XXI		
14	21	XXII		
15	22	XXXVIII	64	
16	24	XXIV		
17	26			
18	30	XXXI		
19	33	XXXIII		
20	35	XXXVI		
21	37	XXXVII		
22	43	LV		
23	44	XXXXVI		
24	45	XCI		
25	49	LI		
26	78	XXXXV		
27	79	LXII		
28	82			
29	83	LXXX		
30	86	XXXXII		
31	98	LXXV		
32	129	CIX		
33	134	CXI		
34		XI		
35		LXXIV		
36		L		
37		CII		
38		XXXXIX		
39		XXXII		
40		LXI	63	
41		LXXIII		

* Diese Ausgabe hat nicht wie Andresen angiebt 805 bezifferte Seiten, sondern 905. Der Irrthum beruht auf einem Druckfehler in der Bezifferung dieser Ausgabe.
** Für die Ausgaben des Turnierbuchs siehe Becker, Jobst Amman, S. 47 ff. und Nagler III 1619.

In der Vorrede an «den Kunst-liebenden Leser» der Separatausgabe der Livischen Figuren, Strassburg 1631, heisst es am Schluss: «Weil aber dieselben (Liviusausgaben) in viel jahren hero nicht mehr zu finden gewesen / vnd ich von vielen guthertzigen Leuten vnd dieser Kunst lieben-den Personen zum offtern ersucht vnd gebetten worden / solche schöne / fürtreff- vnd künstlich gerissene Figuren widerumb herfür vnd ans Liecht zu bringen, alss habe ich nun mehr solche wider-umb auffs new zum Truck befördert / damit der Kunstliebenden Jugendt zu ihrer Ergötzlichkeit guter Anlass vnd Beförderung an die Hand gegeben werden / vnd widerfahren möchte.»

«Typographus.»

Die Separatausgabe scheint ziemlich selten zu sein. Nach Andresen giebt es Ausgaben der Jahre 1572, 1573 (Frankfurt) und 1631, 1637 (Strassburg).

Tafel LXII Nr. 1 und Tafel LXIII.

Drei rohe Holzschnitte für eine Frankfurter (?) Bibel.

Tafel LXIV—LXVII.

Schreibvorschriften des 16. Jahrhunderts. Vgl. Deutsches Kunstblatt 1853 Nr. 36, C. Becker, die Formschneidekunst in den Schreibvorschriften des 16. Jahrhunderts. Ein Theil dieser Stöcke befindet sich bei Lichtenberger, Geschichte der Erfindung der Buchdruckerkunst, Strassburg 1824, als «Ab-drücke von Original-Holztafeln» abgedruckt.

Tafel LXVIII.

Die Geburt Christi oder die Anbetung der Hirten.

Dieser Stock ist bereits vom Original in Silbermann, Album typographique (Strasbourg 1840) als «Gravure sur bois du 15e siècle» abge-druckt worden. Er stammt jedoch erst aus dem Ende des 16. oder Anfang des 17. Jahrhunderts.

Tafel LXIX.

Die Vertreibung aus dem Paradies.

Diese Kopfleiste, deren Rückseite für eine zweite Farbe hergerichtet ist, stammt aus dem Ende des 16. oder Anfang des 17. Jahrhunderts.

Tafel LXX.

Zeichnung von Tobias Stimmer (?). Petrus mit dem Schlüssel, vielleicht rechte Seitenleiste einer Titelumrahmung?

Tafel LXXI.

Schlacht bei Grevelingen.

Ob diese Holzplatte zu einem Werke oder als Einblattdruck verwendet wurde, konnte nicht ermittelt werden. Das letztere scheint aber wahr-scheinlicher, da diese Platte auf aussergewöhnlich dickem (3 Centimeter) Birnbaumholz geschnitten ist.

Tafel LXXII.

Stammbaum des Erconaldus.

Tafel LXXIII.

Die zwölf Apostel.

Von dieser Holztafel (ein Stück) wurden aller Wahrscheinlichkeit nach grosse Auflagen gedruckt. Die auseinandergeschnittenen Bilder wurden als «Heljen» der Laden-Kundschaft zum Geschenk gemacht. Nach der Zeichnung zu urtheilen, stammt dieser Stock aus der 2. Hälfte des 17. Jahr-hunderts. Die Kehrseite wurde zu einem andern Stocke verwendet, welcher in einer späteren Ver-öffentlichung gebracht werden wird.

ABKÜRZUNGEN.

L B = Kaiserliche Landes- und Universitäts-Bibliothek.
St B = Stadtbibliothek, Strassburg.
B W = Bibliothek des Wilhelmerstifts, Strassburg.
K S = Kunstgewerbemuseum, Strassburg.

1

2

3

1

2

3

1

2

3

1

2

3

4

1

2

B

A

1

2

3

4

5

6

7

1

2

3

1

2

3

4

5

Das heillig vnd allein
tröstlich
EVANGELIVM
Christi
Von der Tauff / vnnd Rechtfertigung der Sünder / Matth. 3.

elig seindt Die von hertzen rein sind /
Denn sie werden Gott anschawen .

elig seindt Die Fridfertigen /
Denn sy werden Gottes Kinder heissen .

elig seindt Die vmb Gerechtigkeitt /
verfolgt werden Denn das Himelreich ist ihr .

1

2

1

2

3

4

5

6

8

9

16

17

19

22

23

27

28

30

34

36

37

44

43

46

30

31

.

60

81

84

87

96

108

123

128

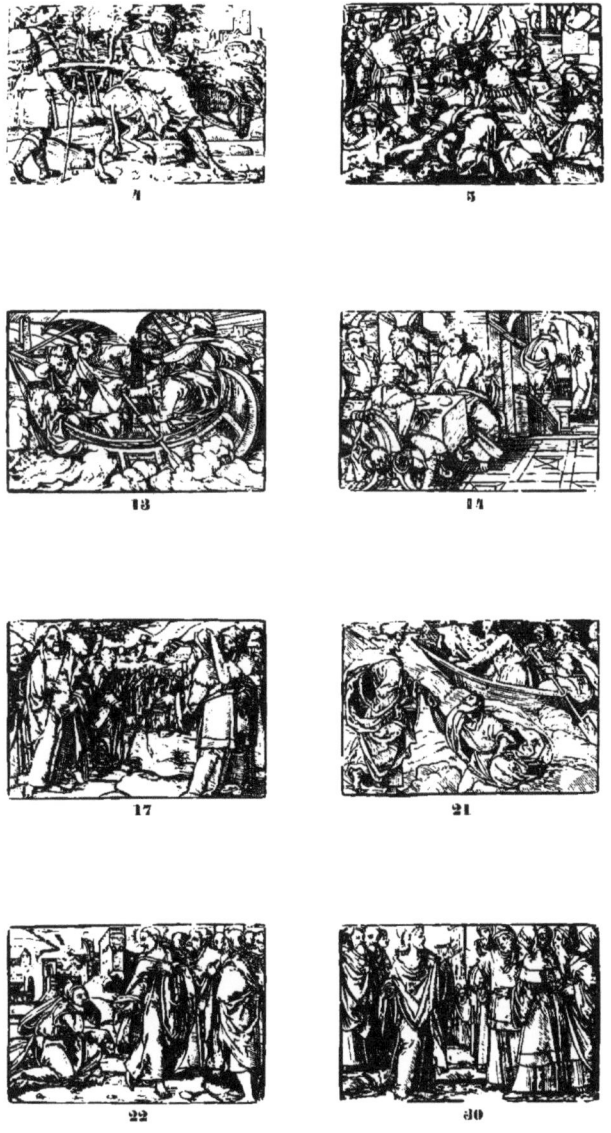

51

57

58

63

66

69

70

71

72

77

79

80

82

83

88

92

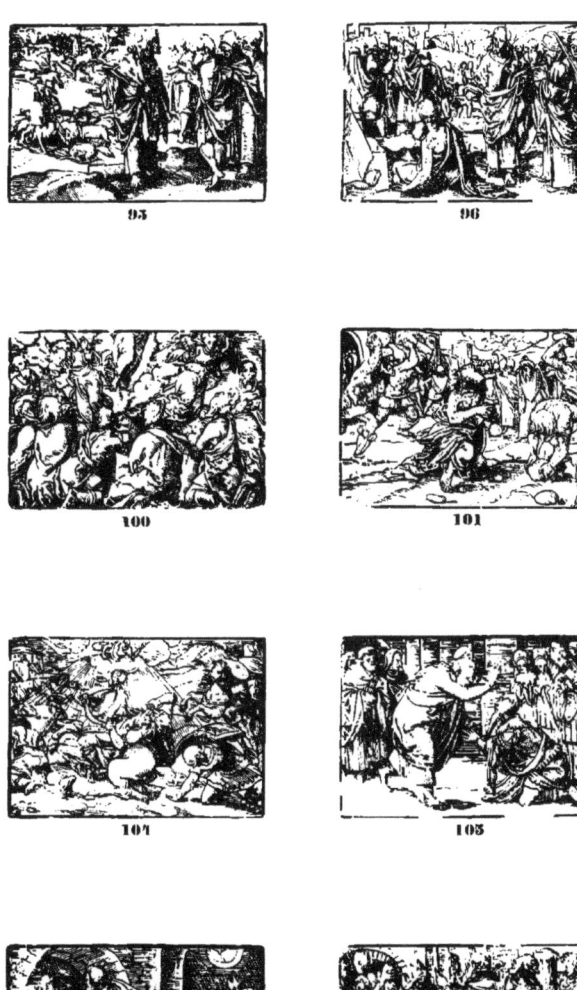

108

109

110

122

131

132

133

134

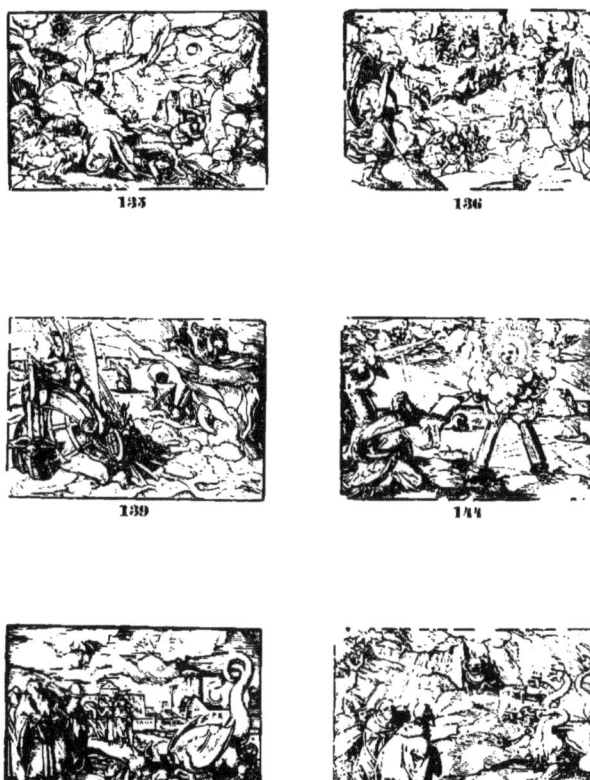

B

A

5

6

7

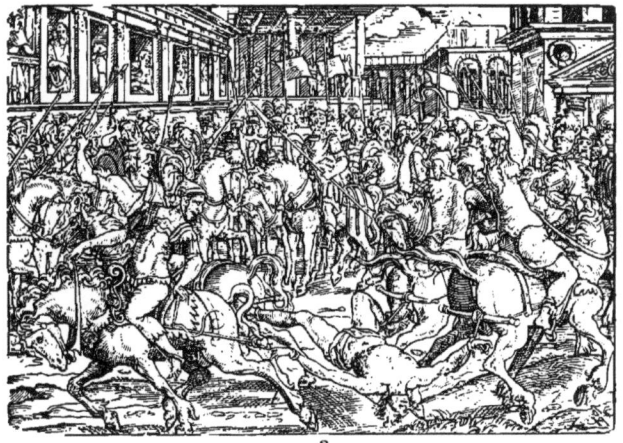

8

9

10

11

12

13

14

15

16

17

18

19

20

21

22

23

24

25

26

27

28

29

30

31

32

33

34

35

36

37

38

39

40

41

1

2

3

Aller Fracturen ordentlich
Fundament Zerstrewung vnnd
satzung irer Buochstaben

coolagg ؛ ccdesstt
lllbbh!ʒk ʒ ll ʃʃffʃʃʒt
iirnmiuü ʒ lkxvpyw
ʒʒʒʒttʒx.

Aaabbcddeeffgghhijkllmmnnooppqqrrʒʒ
ʃʃssttttuuuuwwxyyʒʒʒʒ

Aabcdefg
hiklmnopq
Krʃstvuwxyʒ.

Aabcd
efghijk
lmnopqx
stuvwxyʒ.

AABBCDDEF
FFGHHIKL
LLMMNOOP
QRSTUXYZ

A A A B B C C
D D E F G R H
I K K L M M N O
P Q R S T U W Z

Ad rempublicam plurima uemunt com-
moda, si moderatrix omnium rerum præ-
sto est sapientia: hinc ad ipsos qui eam a-
depti sunt, laus, honor, dignitas confluit.

A B C D E F G H I K L
M O P Q R S T U V Z

Fundamentū libertatis,
fons æquitatis, Mens
z animo, z cōsilium sent-
entia ciuitatis posita in legib.

Veritas tantam semper habuit potentiam,
ut nullis machinis, aut cuiusquam hominis
ingenio, aut artis subuerti potuerit. Et li-
cet in causis nullum patronum, aut defenso
rem obtineat, tamen perseipsam defenditur
Ha b c d e f g h i k l m n o p q r s t u x y z.

CIVIS EST IS, QV PATRIAM SVA DILIGIT, AC BONO
OES SALVOS, INCOLVMESQ DESIDERAT. CIVEM UPOR
TET AEQVO, ET PARI CV CIVIBVS IVRE VIVERE. NEQVE
VBMISSVM. NEQ ABIECTV, NEC SESE EFFERENTE TM
I REPVBLICA EA VEI LE O I RAQVILLA ET HONESTA

A B T D E F G G
H I K L M C O
O Q T S T X Z

LEX EST RATIO SVMMA, INSITA
A NATVRA, QVE IVBET EA QVE FA
CIEDA SVNT. PROHIBETQ COTRARI
A NIHIL EST TAM APTV AD IVS
CONDITIONE VE NATVRE QVA LEX
A B C D E F G H I K I M NO PO R S

Littera apud Latinos sunt tres & uiginti.

A a b c d e f g h i k l
m n o p q r s t u x y z

Vocales quinq́; | *Consonantes sunt septemdecim* | *Diphthongi quinq́;*
a e i o u | b c d f g h l m n p q r s t x | æ œ au
| | eu

SVAVITATE SCIENTIÆ NIHIL EST HOMINI IVCVNDIVS.

Viue tanquam cras moriturus,
Et Stude tanquam semper victurus.

ALPHABETVM SARACENORVM

z	f	r	d	c	b	u
Gaipoi	Foith	Esothi	Delphm	Cati	Bendi	Alemoi

f	n	m	l	k	i	h
orzet Oith	Nabelot	Melatn	Irchim	Karthi	Ioithi	Hethin

z	x	u	t	s	r	q
Zozim	Acoithi Hiron.	Azotorl	Tothm	Salatr	Rati	Inthoath

ALPHABETVM GRÆCVM

	g	d	z		i	ta	
Alpha	Vita	Gamma	Delta	Epsilon	Zita		Thita
A	B	Γ	Δ	E	Z	H	Θ

	k	l	m	n	x		p
iota	Kappa	Lamda	Mi	Ny	Xi	Omicro	Pi
I	K	Λ	M	N	Ξ	O	Π

	s	t	y	bh	ch	ps	o
Ro	Sigma	Taf	Ypsilon	phi	Chi	Psi	Omega
P	Σ	T	Y	Φ	X	Ψ	Ω

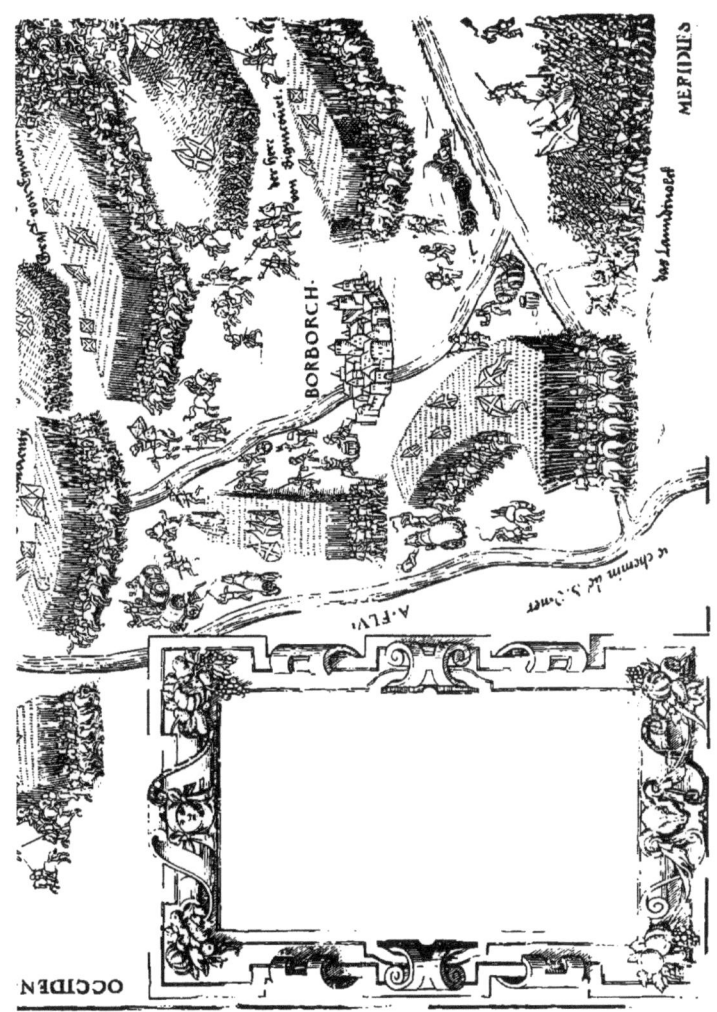

ORIGINALABDRUCK

VON

FORMSCHNEIDER-ARBEITEN

DES XVI. und XVII. JAHRHUNDERTS

MEIST AUS VERSCHOLLENEN VOLKSBÜCHERN

AUS DEN STRASSBURGER DRUCKEREIEN

DER JACOB CAMMERLANDER, AUGUSTIN FRIES, JOHANNES KNOBLOUCH d. J., CRATO MYLIUS
THIEBOLD BERGER, WENDELIN RIHEL, CHRISTIAN MÜLLER, JOHANN PASTORIUS u. A.

NEUE FOLGE. TAFEL LXXXIV—CXXIX.

MIT ERLÄUTERNDEM TEXT HERAUSGEGEBEN

VON

PAUL HEITZ

STRASSBURG

J. H. ED. HEITZ (HEITZ & MÜNDEL)

1894.

Universitäts-Buchdruckerei von J. H. Ed. Heitz Heitz & Mündel.

Die Erwähnung des ersten Bandes dieser Originalabdrücke in Lützow's Geschichte des deutschen Kupferstiches und Holzschnittes (S. 230 f.) als „dankenswerthe Uebersicht" und die günstige Aufnahme in Fachkreisen, hat mich ermuthigt eine neue Folge aus der im Besitze der Firma Heitz und Mündel in Strassburg noch vorhandenen reichen Sammlung von Holzstöcken zusammenzustellen.

Obwohl viele der Holzstöcke nicht genau bezeichnet werden konnten, hat sich doch dies für manche in erfreulicher Weise thun lassen und spricht ersterer Umstand auch dafür wie selten die Drucke sind in denen diese Stöcke vorkommen. Für jeden neuen Nachweis werde ich dankbar sein.

Auch hier spreche ich den HH. Vorständen der Bibliotheken, besonders Herrn Oberbibliothekar Professor Dr. O. von Heinemann in Wolfenbüttel, meinen besten Dank für gütige Unterstützung zur Förderung dieser Arbeit aus.

Strassburg, im Dezember 1893.

PAUL HEITZ

TAFELERKLÄRUNGEN.

Tafel LXXXIV.

3 Bibelholzstöcke aus einer mir unbekannten Ausgabe eines strassburger Druckes der Mitte des 16. Jahrhunderts.

Tafel LXXXV.

3 Holzstöcke, offenbar aus einer Chronik herstammend. Nr. 1 hat unten rechts das Monogramm C G. Vielleicht ist es dasselbe, welches Nagler unter 1, 2165 angibt? Aehnliche Süjets, wie auf Nr. 1 und 2 dargestellt, finden sich auch in Rabus, Historien der Märtyrer. Nr. 3 scheint nur der Grösse nach dem Bildercyclus von Nr. 1 und 2 anzugehören. Vielleicht findet sich die Nr. 3 in einem Cammerlander'schen Drucke vor? Vgl. Nr. 2 auf Tafel LXXXVII und Nr. 1 auf Tafel LXXXVIII.

Tafel LXXXVI.

Holzstock Nr. 1 könnte aus einem Murner'schen Drucke oder Nachdrucke sein. Abgedruckt ist derselbe im Jahre 1840 als Holzstock vom 16. Jahrhundert in Silbermann, Album typographique.

Nr. 2 hat offenbar als Titelholzstock einer grossen Anzahl von Abzügen dienen müssen und dürfte ebenfalls aus der zweiten Hälfte des 16. Jahrhunderts stammen. Die Schrift lautet: Tu es Christus filius Dei vivi qui in hunc mundum venisti.

Tafel LXXXVII.

Nr. 1 ist abgedruckt in: «Der Irr Reitend Bilger. Ein kurtzweiligs Büchlin von einem grossen Herren, der sich in grossem widermût zu dem ferren sanct Jacob verheissen, was er für abentheuer auff semlicher Bilgerfart erfaren hab. Fast kurtzweilig, darbey auch Alten vnd Jungen sehr dienst-lich zû lesen vnd zû hören, mit schönen Figuren geziert, vnnd newlich an tag geben. Durch Georg Wickram von Colmar diser zeit, Statschreiber zû Burckhaim. Alles was du thûst, so bedenck das end, so würstu nimmer vnrecht thûn, Jesus Syrach am vij. Gedruckt zû Strassburg. In Knoblouchs Druckerey, 1556», 4°. Der Holzschnitt befindet sich auf Blatt I viij unter der Rubrik: Wie Arnolt abermals jrr reitt, in einem finsteren birgechtten gewäld, kumpt auff eines Edelmans schloss, der was ein schnapphan, da fand er seinen sûn im reyter dienst. (L. B. und Colmar Bibl. Chauffour Nr. 2803.) Der Holzstock ist in dieser Ausgabe sowie in der Ausgabe von 1557 (Wolfenbüttel, Dresden) ohne irgend welche Läsur. Es müssen, nach dem jetzigen Stand des unteren und oberen Theiles desselben zu urtheilen, sehr viele Abzüge davon gemacht worden sein. In anderen Knoblouch'schen Drucken habe ich den Holzschnitt nicht wieder abgedruckt gefunden. Hier, wie oft in anderen Drucken, ist der Stock wahrscheinlich älter als die Ausgabe selbst, denn ein Stock befindet sich darin mit der Jahreszahl 1510. Vgl. Goedeke II, S. 464, 15.

Nr. 2 scheint ebenfalls — der Grösse nach zu urtheilen — früher mit Nr. 1 verwendet worden zu sein.

Tafel LXXXVIII.

Nr. 1 ist 2 Mal abgedruckt in: «Chronica C. Crispi Salustij von dem Römischen Bundtschuch, Rottung oder Empörung wider eyn Obergkeyt vnd Gemeinen Nutz zu Rom, vnder den ersten Burgermeisterthumb Marci Tullij Ciceronis, durch Lucium Catilina angestifft vnd practicirt. Hie bei findstu auch den Krieg der Römer wider Jugurtham der Numidier König. Alles lustig zulesen. Getruckt zu Strassburgk durch Jacob Cammerlander in der Frieburger gassen. Anno M. D. XXXIIII», 1. auf der Rückseite von Blatt v unter der Rubrik: Oration Catiline zu seinen mitgesellen an eym heymlichen ort in seinem hauss; 2. auf Rückseite von Blatt x v i j unter der Rubrik: Catilina ermant seine knecht zur Schlacht. (L. B.) Das Monogramm ͡c befindet sich rechts an der Seite des Sitzes. Vgl. Nagler I, 2105. Vgl. auch Goedeke, Pamphilus Gengenbach S. 547, und Wiechmann-Kadow in Naumanns Archiv II, S. 135, wo das Monogramm C auf diesem Holzstock erwähnt ist.

Derselbe Holzschnitt ist auch abgedruckt in «Cornelius Nepos . . . . leben waidlicher burgermeister . . . item Sallustius», 1535, fol. Strassburg, J. Cammerlander, auf Blatt ℬ (Wolfenbüttel). Vgl. Wenzel, Cammerlander und Vielfeld, Nr. 12b. Im Jahre 1840 ist der Stock auch in Silbermann, Album typographique, als Holzstock des 16. Jahrhunderts abgedruckt.

Nr. 2 (Simson und Delila) ist abgedruckt in: «Der Narren Spiegel. / Das Gros Nar / renschiff, durch besunderen/fleiss, ernst vnnd arbeyt, jetzt von newem, / mit vil schönen sprüchen, exempeln, vnnd zu gesetzten historien ergäntzet. / Durch Sebastianum Brandt D. inn beiden Rechten, der Narrechten welt zu nutz / fleissig beschriben. Getruckt zu Strassburg, bey Wendel Rihel. Anno / M. D. XLIX». 4°. Der Holzschnitt ist abgedruckt auf der 7. Seite von Signatur ℬ unter der Rubrik: Heimlichkeit verschweigen.

Wer nit kan schweigen heimlichkeit,
Vnd sein anschlag eim andern seit,
Mag wol verlieren das har vom haupt.
Dem widerfert rew, schad vnd leyd.

(L. B. Vgl. Zarncke, Brant's Narrenschiff S. XCIX und CX. und Wenzel, Nr. 33, wo eine Ausgabe von 1545 von Cammerlander und eine spätere von 1564 von Josias Rihel (wahrscheinlich mit denselben Holzstöcken?) erwähnt ist.

Tafel LXXXIX und LXL.

7 Holzstöcke, welche vielleicht zu einer mir unbekannten Nachdruck-Ausgabe des Narrenspiegels oder der Schelmenzunft gedient haben.

Der von Könnecke S. 109 abgebildete Titel-holzschnitt des: Der Fincken Ritter, History vnd Legend von dem treffenlichen vnnd weiterfarnen Ritter, Herrn Policarpen von Kirrlarissa, genannt der Fincken Ritter etc., hat auch genau die Grösse dieser 7 Stöcke.

Tafel LXLI.

5 strassburger Kalenderstöcke aus Thiebolt Bergers Druckerei. Den 4. Theil dieses Kalenders verdanke ich der Güte des Herrn Lic. Direktor Erichson, er diente als Buchumschlag und enthält links die Monatsbilder und rechts Städtewappen. Unten «Getruckt zu Strassburg bey Thiebolt Berger». Nr. 1 trägt die Ueberschrift «Wynmon XXXI». Die übrigen Nummern sind nicht auf dem erhaltenen Blatt. Die Breite des Kalenders ist 25 Centimeter. Thiebold Berger druckte von 1551—1584.

Tafel LXLII und LXLIII.

2 Wappen aus dem Jahre 1570.

Tafel LXLIV.

Nr. 1 befindet sich abgedruckt in Chronicon Urspergense in den beigegebenen «Paraleipomena rerum memorabilium, à Friderico II. usque ad Carolum V. Augustum, hoc est, ab anno Domini M. CC. XXX. usque ad annum M. D. XXXVII. ex probatioribus qui habentur scriptoribus in arctum coacta, et historiae Abbatis Urspergensis per eundem studiosum annexa. Argentorati apud Cratonem Mylium, Mense Martio, Anno Domini. M. D. XXXVII», fol., unter der Rubrik: Fridericus III. Austriae Dux XXXVIII, Germanorum imperator, Seite CCCCXXII. (L. B.)

In «Hedio, Ein Ausserlesene Chronick von anfang der welt bis auff das iar 1543. Strassburg, Crafft Müller, fol., dieser Stock ebenfalls auf Seite bcij abgedruckt. (L. B.)

Zeichnung und Schnitt(?) von Heinrich Vogtherr. Vgl. E. Reiber, Propos de table de la vieille Alsace. 1885. S. 210 ff.

Nr. 2 (Die Hochzeit zu Cana) ist abgedruckt in «Euangelia vnnd Epistelen, auch schöne Gebett auff alle Sontag, vnd die fürnembste Feste durchs gantze Iar. Sampt der Historien des Passions, Aufferstehung, vnnd Hymmelfart Christi, auss den vier Euangelisten gezogen. Getruckt zu Strassburg bei Christian Müller, Anno 1581». 8°. Diesen Druck fand ich in einem Sammelband. (Besiz des Direktor Erichson.) Der Titel ist von einer nicht unschönen TitelborJüre eingefasst. Es befinden sich noch eine grosse Zahl Holzschnitte im Bändchen. Das Exemplar ist unvollständig. Im selben Jahre und bei demselben Drucker gedruckt, mit diesem Band zusammengebunden, ist die «Passio. Die historia des Leidens, Aufferstehung, vnnd Hymmelfart vnsers Herren Jhesu Christi, nach den vier Euangelisten etc.» ebenfalls mit Bilder derselben Grösse. Der Holzschnitt befindet sich auf Bogen 𝕭 ʋ. Der Stock ist in dieser Ausgabe sehr abgenutzt.

Tafel LXLV.

Wahrscheinlich ist Nr. 1 zur Zierde des Titels einer Ausgabe von der Rückkehr des verlornen Sohnes angewandt worden. Die Entstehung des Holzstockes passt genau zu der Zeit, zu welcher der verlorene Sohn in Strassburg aufgeführt wurde. Vgl. Crüger, Zur strassburger Schulkomödie, in Festschrift des Protestantischen Gymnasiums, I. Theil, S. 308 und Goedeke II, S. 544. Dieser Holzschnitt ist zum Theil eine genaue Copie nach dem Stich vom Hans Sebald Beham. Vgl. Lübke, Geschichte der deütschen Kunst, Figur 511.

Nr. 2 befindet sich als Titelholzschnitt in : «Ein new auszerlesen Gesangbüchlein, für die Kirchen. Von newem übersehen gemehret, vnd gebessert vnd in ein klare vnd richtige ordnung gestellt, vorhin nicht mehr dessgleichen aussgangen. Für die Kirchen zü Strasburg vnd ander wo mit dreyen nutzlichen Registern vnd schönen Figuren geziert. Die Ordnung des Gesangbüchleins findest du nach der Vorrede», darunter der Holzschnitt in zwei Farben. Am Schluss : «Getruckt in Verlegung Caroli Ackers Burger vn Buchhandler zü Strassburg 1568.» 8°. (Kgl. Bibl. Stuttgart.) Vgl. Wackernagel DCCCXCVII, CM und CMXIX. Diese im Gesangbüchlein angewandten Holzstöcke (siehe Nr. 3, 4, 5 und 6) bilden eine Mustersammlung der damals in der Druckerei [Rihel?] für verschiedene derartige Büchlein angewandten Holzstöcke. Nr. 6 ist bereits im 1. Bande dieser Sammlung auf Tafel XL, als Nr. 5 abgedruckt. Ausserdem fand sich der Holzstock (nur schwarz) in : «Psalter Teutsch, Mit kurtzen Summarien, und einem ordentlichen Register der Psalmen, Durch Vitum Dieterich. Samt beygefügten Summarischen Schluss-Gebetlein. [Holzschnitt.] Strassburg, druckts vnd verlegs Johann Pastorius, unter der kleinen Erbs-Lauben». Besitz des Direktor Erichson.

Tafel LXLVI.

3 Catechismusstöcke, welche dem Schnitte nach der zweiten Hälfte des 16. Jahrhunderts angehören könnten. Nr. 1 befindet sich als Titelholzschnitt (nur schwarz) in «Lehr-Taffel, oder Catechismus. Das ist :

Christliche Erklärung der sechs Haupt-Stücke Christlicher Lehre, samt der Hauss-Taffel und Form, wie man die Kinder soll beten lehren. etc. Strassburg, gedruckt und zu finden bey Johann Heinrich Heitz, 1752». (L. B.) In einem frühern Drucke fanden sich diese Stöcke nicht. Sie wurden offenbar viel früher als 1752 angewandt. Nr. 1 wurde seines günstigen Süjets halber mehr benutzt, daher ist der Holzstock auch mehr abgenutzt.

Tafel LXLVII—CVI.

Die ersten 8 Holzstöcke finden sich abgedruckt in : «Das Newer vnd gemehret Gesangbüchlein, Darinn Psalmen, Hymni, geistliche Lieder, Chorgesenge, Alte vnd newe Festlieder, sampt etlichen angehenckten Schrifftsprüchen vnd Collect gebetlin, besonders fleisses zůsamenbracht. Auch hin vnd wider Mit schönen Figuren gezieret vnd Reimensart gestellet. Getruckt zů Strasburg bey Thiebolt Berger, am Barfüsserplatz, Anno 1559.» 8°. (Königl. öffentl. Bibl. München.) Vgl. auch Wackernagel, Kirchenlied DCCLVI, wo auch noch Ausgaben von 1562 (DCCCXXXVII) und 1566 (DCCCLXXVI) erwähnt sind. In der Ausgabe von 1559 sind noch 3 andere Holzschnitte abgedruckt, welche dieser Sammlung fehlen.

Mit Ausnahme von Nr. 19 scheinen die Stöcke 1—31 für eine frühere Leidensgeschichte geschnitten worden zu sein. In einem viel späteren Drucke finden sich, und dazu ist die Nr. 19 geschnitten worden, die Stöcke abgedruckt in : «Die Historia des Leydens, Sterbens, Aufferstehung des Heil. Geistes auss der Apostel Geschicht am 2. Capitel. Strassburg. Mit hoher Obrigkeitlicher Erlaubniss Gedruckt und zu finden bey Joh. Heinrich Heitz. 1740.» (L. B.), wo auch Ausgabe von 1753 sich befindet.

Monogramm 𝔄 auf Nr. 9, CG auf Nr. 10. Vgl. Nagler II, Nr. 69.

Tafel CVII.

3 Holzstöcke zu einem Hiobbüchlein. Die erste strassburger Ausgabe ist von 1498.

Tafel CVIII.

3 Holzstöcke zu einer strassburger Ausgabe des Fortunatus(?).

Nr. 1 stammt aus der Druckerei des Thiebolt Berger [zum Treübel am Weinmarck] in Strassburg 1554-1584, der Stock ist abgedruckt auf dem Titelblatt von : «Zwey schöne newe Lieder, Das erst, Es steht ein Lind in jenen Thal, etc. in seiner eygnen Melodey. [Holzschnitt] Das ander, ich musz von hinnen scheiden. etc. In seiner eygnen weisz zů singen.» 6 Blätter o. J. In Universitätsbibliothek in Tübingen, aus Uhlands Sammlung von Einzeldrucken von Volksliedern. Vgl. auch G. Könnecke, S. 110, wo die 6 Seiten reproducirt sind.

Vielleicht diente dieser Stock auch zu einer strassburger Ausgabe des Fortunatus unter der Rubrik: Wie ein junckfraw, gewaltig des glücks Fortunatum mit einem seckel begebet dem nymmer gelts gebrast.

Nr. 2: Wie Fortunatus wider gen Venedig kam, vnd von dannen gen Constantinopl für, den jungen Kayser krönen zů sehen.

Vgl. G. Könnecke, Bilderatlas zur Geschichte der Deutschen Nationalliteratur. Marburg 1887, S. 106, Nr. 3. Dieser Holzschnitt kann also ebensogut zu «Herzog Ernst» als zu Fortunatus gebraucht worden sein.

Nr. 3: Wie Fortunatus wider gehn Cypern kame sich aller ding fast redlich hielt, Vnd einen kostlichen Palast vnnd Kirchen bawet.

Die Ueberschriften entnehme ich der strassburger Ausgabe von Christian Müller des Jahres 1558. 4°. (Wolfenbüttel.) Die Holzstöcke in dieser Ausgabe sind den hier abgedruckten sehr ähnlich, aber etwas grösser.

In Weller's Annalen und in Maltzahn sind noch Ausgaben des Fortunatus o. O. und eine strassburger von 1546, 8°, angeführt. In keiner dieser Ausgaben befinden sich diese 3 Stöcke.

Tafel CIX und CX.

8 Holzstöcke zu einer strassburger Ausgabe des Salomon und Marcolf. Die arabischen Ziffern sind nach der Reihenfolge der mülhauser Ausgabe (Berlin Z 2384), die römischen nach den auf der vorderen Seite der Stöcke (wahrscheinlich vom damaligen Drucker oder Formschneider) eingeschnittenen Ziffern bezeichnet.

Die hier abgedruckten Holzschnitte sehen denjenigen der mülhauser Ausgabe zum Verwechseln ähnlich. Ich halte die strassburger für die Vorlage der mülhauser und beschreibe der Seltenheit wegen hier ausführlich diesen Nachdruck.

Titelblatt: «Marcolfus. Frag vnd Antwort Künig Salomonis vnnd Marcolfi». [Holzschnitt: 6 cm breit, 7½ hoch] «König Salomo auf dem Thron Marcolf und sin Schwester vor ihm redend». 27

Blätter. Sign. Aij—Dij. Auf dem letzten Blatt (also S. 53) «Getruckt zů Mülhusen im oberen Elsass, durch Peter Schmid». 1580, 8°.

Nr. 2: Wie des Künigs Rentmeyster zů Marcolfo sprachen.
Nr. 3: Wie Künig Salomon auff dz gezigde fert / vnd jm seiner Diener einer zeiget das hauss Marcolphi / vnd was der Künig Marcolphum fraget.
Nr. 4: Hie bringt Marcolphus dem Künig Salomon ein hafen mit milch.
Nr. 5: Wie Künig Salomon vů Marcolfus mit einander wachten die Wacht.
Nr. 6: Hie bewärt Marcolfus dem Künig alles das was er inn der nacht gedacht hat.
Nr. 7: Wie Marcolfus sein schwester verklagt.
Nr. 8: Hie lasst Marcolphus die meüss auss seinem ermel auff den tisch lauffen.
Nr. 9: Hie liess Marcolfus ein Hasen lauffen, vnd die hund lieffen dem Hasen all nach.
Nr. 10: Wie Marcolfus dem Kalen an sein stirn.
Nr. 11: Hie kamen zwo frauwen mit eim läbendigen vnd mit einem todten kind.
Nr. 12: Nun werdt jr hören wie vil weyber gen hof kamen, vnd wie sy die sach widerredten.
Nr. 13: Hie gieng Marcolfus auff allen vieren.
Nr. 14: Hie kumpt Salo. mit seine Dienern für das loch, darin Marc. lag.
(Nr. 3, 6, 7 und 8 fehlen dieser Sammlung, sie waren aber ohne Zweifel in dem Druck vorhanden wie die auf den Holzstöcken eingeschnittenen römischen Zahlen beweisen, welche genau mit der Reihenfolge in der mülhauser Ausgabe übereinstimmen.)

Die letzte Seite ist weiss. Dieser mülhauser Ausgabe scheint offenbar ein Blatt, vielleicht das Druckerzeichen des Peter Schmid enthaltend,[1] zu fehlen. Jos. Coudre in: «Inventaire inédit d'une imprimerie et imagerie populaire de Mulhouse 1557—1559 S. 83 XIII. Marcolfus» sagt: «On a vu que ce volume de 56 (sic) pages pet. in-8. évalué à 3 f. 18 c. de notre monnaie, était orné de douze vignettes sur bois. D'autre part, nous savons que c'était une de ces pièces dramatiques qui empruntent leur nom du carneval. Mais là s'arrêtent nos renseignements, et nous pouvons simplement émettre la supposition que c'était une réimpression de Marcolfus». Coudre kannte also das Exemplar der Berliner Bibl. nicht. Was aber auffällt, ist, dass im Inventar Seite 49 A 31 steht, «16 figuren in Marcolfum» und die Ausgabe nur deren 14 enthält. Vgl. auch Goedeke, Grundriss I, S. 347. Eine Ausgabe von 1631, 8°, o. O. mit Holzschn. Bibl. Josch 3915 konnte ich nicht einsehen.

Tafel CXI—CXIII.

12 Holzstöcke zu einer strassburger Ausgabe von Till Eulenspiegel. Von allen bei Hermann Knust in «Neudrucke deutscher Litteraturwerke des XVI. u. XVII. Jahrhunderts Nr. 55 u. 56, Halle

---

[1] Vgl. Heitz u. Barack, Elsässische Büchermarken, S. 152, Tafel LXXV.

1885», erwähnten Ausgaben enthält keine diese Holzschnitte. Die strassburger Ausgabe von 1543, bei Jacob Frölich gedruckt, befindet sich laut Mittheilung aus Göttingen nicht mehr dort. Unwahrscheinlich ist es aber, dass diese Ausgabe die Holzschnitte enthalten sollte, da die Ausgabe 1539 (Berlin) ebenfalls von Jacob Frölich gedruckt ist und andere Holzschnitte enthält. In der strassburger Ausgabe von 1551 (Darmstadt) sind die Holzschnitte etwas grösser und nicht besser als diese. Eine der Ausgaben muss der anderen als Vorlage gedient haben, denn die Art der Zeichnung und des Schnittes ist genau dieselbe bei der Ausgabe von 1551 wie bei den hier abgedruckten Holzstöcken.

Vgl. auch Goedeke, Grundriss I, S. 344. Weller, Annalen Bd. II S. 308,8 nennt noch eine strassburger Ausgabe vom Jahre 1542, welche ich nicht gesehen habe. Das Sujet von Nr. XV findet sich auch in Wickram, der Goldfaden und der Jungen Knaben Spiegel, vgl. Text zu Tafel CXIV—CXVI.

Die Capitelüberschriften gebe ich nach der Reihenfolge der Ausgabe von 1515.

I: Die erst histori sagt wie Thiel Ulenspiegel geboren, vnd zů dreien malen eins tags gedöfft ward vnd wer sein douff götel waren.

IX : Die neund histori sagt wie Ulenspiegel in einen ymen stock krouch, vnnd zwen bei nacht kamen vnnd den ymenstock wolten stelen, vnnd wie er macht das sich die zwen raufften vnd liessen den ymenstock fallen.

XV: Die XV. histori sagt wie ulenspiegel sich für ein artzet vss gab, vnd des bischoffs von megdburg doctor artznyete, der von im betrogen ward.

XXVIII: Die XXVIII. histori sagt wie Ulenspiegel zů Brag in Behemen vff der hohen schůl mit den studenten conuersiert, vnd wol bestond.

XXXII: Die XXXII histori sagt wie Ulenspiegel die scharwechter zů Nürnberg wacker macht die im noch folgten vber ein steg vnd in das wasser fielen.

XXXV: Die XXXV histori sagt wie Ulenspiegel die iuden zů Franckford an dem Mein betrog vmb tusent gulden, er verkoufft in seins trecks für prophetenbeer.

XXXVIII : Die XXXVIII. histori sagt wie Ulenspiegel dem pfarer zu Ryssenburg sein pferd ab red mit einer falschen beicht.

XLIX: Die XLIX. history sagt wie Ulenspiegel drei schneiderknecht von einem laden fallen macht und den lüten sagt der wind het sie herab gewegt.

LVII: Die LVII histori sagt wie Ulenspiegel den Weinzepffer zů Lübeck betrog, als er im ein kanten wassers für ein kanten weins gab.

LXX: Die LXX histori sagt wie Ulenspiegel zů Bremen milch koufft von den landfrauwen vnd sie zůsamen schütet.

LXXXIIII : Die LXXXIIII. histori sagt wie ulenspiegel ein wirtin mit blossem ars in die heiss eschen setzt.

XCII : Die XCII. histori sagt wie ulenspiegel sein testament macht darin der pfaff sein hend bescheiss.

Tafel CXIV—CXVI.

9 Holzstöcke, welche zu verschiedenen Volksbüchern gedient haben können. Nr. 1 und 3 können dem Sujet nach ebensogut zu Kaiser Oc-

tavianus als zu der Erzählung von «Wickram, der Goldfaden, Ein gantz lieblich vnd kurtzweilige History, von eines Armen Hirten Son, Lewfrid genant» (verglichen in einer frankfurter Ausgabe in L. B.) angewandt worden sein. Die strassburger Ausgabe von 1557 bei J. Fröhlich gedruckt (Colmar Bibl. Chauflour Nr. 2867) habe ich nicht gesehen, glaube aber sicher behaupten zu können, dass sie andere Holzstöcke enthält wie dies auch bei den anderen Ausgaben von Volksbüchern aus Fröhlichs Druckerei der Fall ist. Die Sujets der Nrn. 2, 4, 5, 6, 7, 8 und 9 sind in obenerwähntem Volksbuch ebenfalls dargestellt. Die Sujets der Nrn. 6, 7 und 8 finden sich auch in «Wickram, der jungen Knaben Spiegel, Ein kurtzweilig History zweier Knaben, deren einer ein Ritter, der ander eines Bavren Son war.» (Verglichen in einer frankfurter (?) Ausgabe in L. B.) Zu diesen zwei erwähnten Volksbüchern passen auch die Nrn. 2 und 6 von Tafel CXX und die Nr. XV von Tafel CXI. Für Nr. 8 vgl. auch die Holzschnitte von Tafel CXXIII und ff., welche ganz in derselben Manier behandelt sind. Auch die Grösse der Stöcke stimmt genau überein. Das Sujet einiger Nummern passt auch zur Beschreibung bei Andresen I, 218.

Nr. 5 trägt das Monogramm HB.

Nr. 6 trägt das Monogramm CG.

Tafel CXVII.

2 Holzstöcke aus einer strassburger Ausgabe der Legende vom Ritter Herrn Peter Diemringer von Staufenberg in der Ortenau.

Die Unterschriften gebe ich nach der strassburger Ausgabe von 1588, 8°, Jobin. (Berlin.)

Nr. 1: Wie der herre von stouffenberg eins mals was kommen auss frembden landen vnd im sein freůnd gross ere erbutten.

Nr. 2: Wie den ritter von stauffenberg die schöne frauwe vmbfing.

Da diese Holzstöcke sich in den strassburger Ausgaben von 1589, 1595 und 1598, alle von Jobin gedruckt, nicht befinden, ist es unwahrscheinlich, dass sie sich in derjenigen o. J. von Carolus (Jobins Erbe), vgl. Ebert 21726, befinden könnten. Vgl. auch Goedeke, Grundriss I, S. 259 u. II, S. 502, 50 und O. Jänicke, Altdeutsche Studien, S. 54.

Tafel CXVIII.

2 Holzstöcke aus einer strassburger Ausgabe des Herr/Ecken auszfart Wie er von dreien Künigin vszgesandt, Dieterich von Bern zu suchen, von welchem Eck im streit überwunden etc.

* X *

Den Titel und die Ueberschrift habe ich der strassburger Ausgabe (Berlin) ohne Drucker vom Jahre 1556 entnommen.

Nr. 1 : Als bald sy jm die wunden band
Do nam sy vrlaub da zuhand
Wol von Herr Dieteriche.

Nr. 2 : Man gab jn allen des genüg
Gar gute speiss man jn für trüg
Von trincken vnd von essen.

Die 2 Octav-Ausgaben von Christ. Müller der Jahre 1559 und 1577 habe ich nicht gesehen. Vgl. Goedeke, I, S. 195 und O. Jänicke S. 97. Betreffs der Ausgabe des Jahres 1559, welche sich in Celle befindet, blieb ich auf meine Anfrage hin zweimal ohne Antwort.

Tafel CXIX.

2 Holzstöcke aus einer strassburger Ausgabe der schönen Magelone. Die zwei Ausgaben o. O. u. J. in Wolfenbüttel enthalten die Holzstöcke nicht. Vgl. Weller's Annalen II, S. 310, 21 und Goedeke II, 20, welche beide keine strassburger Ausgabe erwähnen.

Tafel CXX—CXXII.

11 Holzstöcke zu einer strassburger Ausgabe der schönen Melusine.

Die Holzschnitte sind nach der Ausgabe: Die Histori od' geschicht von der edeln vn schönen Melusina. Strassburg. J. Knoblouch, 1516, (L. B. [defekt]) geordnet und rubricirt. Der Titelholzschnitt ist nicht mitgezählt.

Nr. 2 und 6 könnten auch zu einer Ausgabe von Wickram, der Goldfaden, gedient haben, vgl. Tafel CXIV-CXVI. Nr. 2 ist vielleicht auch zu einer Ausgabe der schönen Magelone, vgl. Tafel CXIX, verwendet worden. Vgl. Könnecke, S. 106, Nr. 5 und Katalog der im germanischen Museum zu Nürnberg vorhandenen Holzstöcke S. 33.

Nr. 2 : Wie Reymund von der iunckfrawe Melusina schied vñ vrlob von ir nam | vnnd hin gen Poiters ritte.
Nr. 6 : Wie Graff Bertram vnd die Gräuin sein mütter vom Reymund / Melusina vnd irem volck gar erlich empfangen wurden.
Nr. 11 : Wie Graff Bertram vñ die Gräuin sein mütter / vnd auch all gest vrlob namen / vnd von in dannen schieden wider heimwerts.
Nr. 15 : Wie Vriens vñ Gyot zu dem künig von Cypern kament / der lag vff einem bett vnd übel verwundet.
Nr. 16 : Wie Vriens vnd des Künigs tochter von Cypern Hermina genant zusamen vermähelt wurden. Vnd wie d'künig darnach als gar bald starb.
Nr. 33 : Wie Reymund Melusinam in dem bad sahe | vnd er zumal übel erschrack / vnd in grossem zorn sein brüder von im schickt / wann er im args von Melusina saget / das sich aber nit also erfand.
Nr. 37 : Wie Reymund in grossem Zorn vnd grymmigkeit vmb Goffroys missethat seinem Melusinam vor den leüten beschemet wie sie ein mörwunder wär.
Nr. 41 : Wie Melusina Reymund gesegnet vnd alles volck vnd weinend vnd schreyend hinweg schied.

Nr. 51 : Wie Giss ein künig in Armenia sich vnderstünd dem Sperber zu wachen.
Nr. 53 : Wie das gespenst den Künig straffet darumb dz er kein andere gab begeret da er dem Sperber wachet dann die Junckfrawen.
Nr. 54 : Wie goffroy vñ die gefangnä die da erlöst wurden den Risen vff einê karrê vss dê berg fürte.

(In der Wolfenbüttler Ausgabe von 1516 ganz ähnliches Bild wie die Nr. 54.)

Die von Goedeke I, S. 354, 10 und 15 erwähnten strassburger Ausgaben von 1530, 4°, und 1577, 8°, Christ. Müller, und von Weller, Annalen II, S. 308 § 108, 16 vom Jahre 1624, 8°, bei Marx von der Heyden konnten nicht eingesehen werden.

Tafel CXXIII—CXXVI.

15 Holzstöcke zum Siegfriedslied. Das Eingeklammerte ist der wörtliche Abdruck aus Jahrbuch für Geschichte, Sprache und Litteratur Elsass-Lothringens, Bd. VI. E. Martin, Bilder zum Siegfriedslied von 1580 (?) S. 84 ff., wo die Stöcke bereits abgedruckt worden sind.

[Die Ausgabe des Siegfriedliedes, wozu diese Holzstöcke gehörten, ist möglicher Weise die zu Strassburg bei Christian Müllers Erben 1580 erschienene. Leider hat man darüber nur eine Notiz im Katalog 28 des Buchhändlers Stargardt, Berlin 1857 Nr. 87: «Hüren Sewfried (gesangweis) mit Holzschnitten 8° cart. 76 Seiten. Die drei letzten Blätter beschädigt, 25 Thaler». Wo dies Exemplar sich heute befindet, ist nicht zu ermitteln gewesen; so berichtet W. Golther, der nach den Vorarbeiten von E. Steinmeyer: Das Lied vom Hürnen Seyfrid, Halle (Niemeyer) 1889 als Nr. 81 und 82 der Neudrucke deutscher Litteraturwerke des XVI. und XVII. Jahrhunderts herausgegeben hat, S. VI. Auch unsererseits ist auf deutschen Bibliotheken, in London und Paris, vergebens danach gesucht worden.

Es lässt sich bei dieser Sachlage auch nicht sagen, ob die Ausgabe noch mehr Bilder enthält als die 15 (oder eigentlich nur 14) auf den Holzstöcken aufbewahrten. Eines davon ist doppelt überliefert, offenbar der eine Holzstock (Nr. 13), auf welchem Krimhild eine verunstaltende Bildung der Stirn erhalten hatte, verworfen und durch einen andern (Nr. 13 a) ersetzt worden. Doch lässt sich die Reihenfolge durch den Gang des Liedes feststellen, wobei die Golthers Abdruck angegebene Reihe der Bilder in der Ausgabe Nürnberg bei Georg Wächter (o. J. aber wahrscheinlich um 1540) leiten kann, nur dass es hier 28 Bilder sind, die nicht ganz mit den unsrigen zu stimmen scheinen. Aus dieser Ausgabe entnehme ich die folgenden Ueberschriften.

1. I Wie Seyfrid zu eynem Schmid kam und den Amposs in die erden schlůg und das eysen entzwey, und den meyster und knecht schlug.

2. II Hie schickt der meyster Seyfrid auss in meinung das er nit wider solt kummen.

3. III Hie kam Seyfrid zu der Linden da der Trach lag, vnd er schlug jn zu todt.

4. V Hie nympt Seyfrid ein few bei dem Koler, und will die würm verbrennen.

5. VIII Als nun der Trach die Junckfraw aufſ den Trachenstein het bracht, leget er jr seyn Haupt in die schoss und růwet.

6. X Hie reyt Seyfrid und will jagen im wald.

7. XII Hie nympt der Hürnen Seyfrid den Zwerg bey dem haupt, vnd schlecht jn vmb die staynen wand.

8. XIII Hie ficht Seyfrid mit dem Rysen Kuperan umb den Schlüssel.

9. XIV Hie schwerdt der Ryss Kuperan dem Hürnen Seyfrid, er will jm die Junckfraw helfen gewinnen von dem stayn.

10. Hierzu passt keins der folgenden Bilder der Nürnberger Ausgabe, soweit sie aus den Ueberschriften sich erkennen lassen; der Holzschnitt gehört etwa vor Strophe 93, in welcher erzählt wird: wie Siegfried den treulosen Kuperan nochmals überwindet, freilich sieht Siegfried die Jungfrau, welche auf dem Bilde zuschaut, erst nachher.

11. XVIII Hie wirfft der Hürnen Seyfrid den Rysen Kuperan vber den Trachenstain ab, das er zu stücken falt.

12. XX Hie ficht der Hürnen Seyfrid aufſ dem stayn mit dem Trachen.

13 und 13 a. XXIV Hie ligt Seyfrid in eyner onmacht vor grosser hitz und müde.

14. XXV Hie ligt Seyfrid und die Magt, vnd sie ist von seynetwegen kranck worden vnd seer betrübt, indem so kumpt der Zwerg Eugel unn gibt jr ein wurtz in mund, so wirdt sie gesund.

Den Kunstwerth der Holzschnitte zu erörtern, überlasse ich Berufneren. Zu loben ist gewiss die Deutlichkeit der Darstellung, die Naturbeobachtung, welche selbst dem Drachen, der seinen Bärenkopf auf Krimhildens Schoss legt (5), eine gewisse Gutmütigkeit zu verleihen vermag. Dass Siegfried auf 1—4, 6—10 als bartloser Jüngling erscheint, auf 11, 13, 14 (12 ist unsicher), als bärtiger Mann, lässt vielleicht auf verschiedene Vorbilder des Holzschneiders schliessen. Freilich erhält auch der Wanderbursche 2, 3, 4, in Nr. 6 plötzlich ein Jagdkostüm und in Nr. 8 schon ritterliche Rüstung.]

Ich vermuthe, dass Nr. 13 zu einer Ausgabe von Tristan und Isolde verwendet wurde. In einer strassburger Ausgabe (Tristan 1557. [Wolfenbüttel.] Getruckt bei J. Frölich) finden sich ganz ähnliche Holzschnitte und desselben Formats. Das Bild der Isald ist jedoch in dieser Ausgabe links und Tristan liegt nach rechts. Die Unterschrift lautet: Wie Fraw Isald Herrn Tristrant bey eine brunnen ligend fand / vnd wie es jm darnach gieng.

Tafel CXXVII.

Nr. 1 und 2 haben wohl zu einer Ausgabe des Pfaffen vom Kalenberge gedient. Die Ueberschrift entnehme ich der Ausgabe der Hamburger Stadtbibliothek (o. O. u. J.). Die Holzschnittmanier erinnert an die des Martin Schön.

Nr. 1: Hie empfacht der fürst die frawen vnd fragt sie vmb abenteůr,

oder: Hie kumpt die fürstin mit irem gesind, vnd der pfarrer empfacht die frawen.

Nr. 2 trägt die Ueberschrift: Hie stet der pfarrer pei dem drechsel vnd heist ine ein scheiben machen.

Vgl. Bobertag, Narrenbuch, S. 44, 46 u. 64.

Nr. 1ᵃ findet sich, dasselbe Süjet darstellend, zweimal in Pontus und Sidonia. Frankfurt, Wygand Han, 1557 oder 1568, 8ᵃ. (L. B.) auf Blatt 15: Wie Senechal die Sidonia umb Gnad vnnd verzeihung bitt etc., und Rückseite von Blatt 45: Wie der König konpt mit seiner Tochter Sidonia etc.

Nr. 2ᵃ ist im Format genau so wie 1ᵃ.

2 Holzstöcke zu einer strassburger Ausgabe von Pontus und Sidonia. (?)

Tafel CXXVIII.

Ueber diese zwei Holzstöcke hatte Herr Professor J. Bæchtold aus Zürich die Güte, mir Folgendes mitzutheilen: «Die beiden interessanten, mir gütigst übersandten Abzüge alter Holzstöcke sind mir wohl bekannt; beide rühren aus dem soeben im dritten Bande meiner schweiz. Schauspiele des 16. Jahrh. neu gedruckten Neuen Tellenspiel von Jakob Rueff aus Zürich her (1545) [München], und zwar stammen sie aus der Offizin des Augustin Friess. Das Wappen auf dem Schild des Knaben (Greifenkopf) ist speciell dasjenige Jacob Rufs. Diese Holzstöcke sind wohl auch in die Strassburger Nachdrucke des älteren Tellenspiels übergegangen, aber ursprünglich gehörten sie zum Rufschen Stück.»

Die erste bekannte strassburger Ausgabe (Berlin) ist von Christian Müller o. J. gedruckt (also zwischen 1537 und 1579).

Tafel CXXIX.

Nr. 1: Holzstock zu: Von einer Gaukeley der Pfaffen zu Bern. Vgl. Scheible. Das Schaltjahr II und III. Abbildung III, S. 187.

Nr. 2: Eine Copie dieses Holzschnittes befindet sich abgedruckt auf dem Titelblatt von «Vertrags-Articuln zwischen den Römischen-Catholischen vnnd der Augspurgischen Confessionsverwandten der Statt Strassburg vnd hohem Thumb Stiffts daselbst, etc.» Ueber dem Bild steht der Satz: «Von newem nach dem rechten Original verbessert.» Unten: «Gedruckt im Jahr 1605.» (L. B.)

ABKÜRZUNGEN.

L. B. = Kaiserliche Landes- und Universitäts-Bibliothek zu Strassburg.

B. W. = Bibliothek des Wilhelmerstifts zu Strassburg.

1

2

3

1

2

3

1

2

1

2

1

2

3

4

5

6

7

1

2

3

4

5

1

2

3

4

5

1

2

1

2

2

3

4

5

6

1

1

2

2

3

3

1

2

3

4

5

6

7

8

9

10

11

12

13

14

15

16

17

18

19

20

21

22

23

24

25

26

27

28

29

30

31

1

2

3

1

2

3

2   II

4   IIII

5   V

9   IX

11   XI

12   XII

13   XIII

14   XIIII

I

IX

XV

XXVIII

XXXII

XXXV

XXXVIII

XLIX

LVII

LXX

LXXXIIII

XCII

1

2

3

4

5

6

7

8

9

1

2

1

2

I

2

2

6

11

15

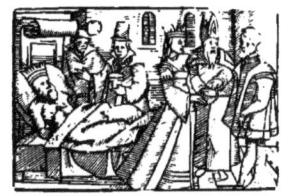

16

33

37

41

51

53

54

1

2

3

4

5

6

7

8

9

10

11

12

13

13ᴬ

14

1

2

1ª

2ª

1

2

1

2

ORIGINALABDRUCK

VON

FORMSCHNEIDER-ARBEITEN

DES XVI., XVII. und XVIII. JAHRHUNDERTS

MEIST AUS VERSCHOLLENEN EINBLATTDRUCKEN, CATECHISMEN, GESANGBÜCHERN,
VOLKSBÜCHERN, KALENDERN, PRACTIKEN, HEILIGENBILDERN, GEBETS- & WALLFAHRTSZETTEL

AUS STRASSBURGER DRUCKEREIEN.

SCHLUSS-FOLGE. TAFEL CXXX—CLXVI.

MIT ERLÄUTERNDEM TEXT NEBST NACHTRAG ZU BAND I UND II HERAUSGEGEBEN

VON

PAUL HEITZ.

STRASSBURG

J. H. ED. HEITZ (HEITZ & MÜNDEL)

1899.

Die Herausgabe dieser Schlussfolge wurde desshalb verzögert, weil die Hoffnung bestand allmählig weitere Werke ausfindig machen zu können, worin die hier abgedruckten Holzstöcke vorkommen. Leider ist dies bei den meisten nicht, oder nur annähernd, möglich gewesen. Dagegen kann ich einige Nachträge zu Band I und II geben. Berichtigungen und Nachweise des Vorkommens der Holzschnitte in von mir unerwähnten Werken werden mir stets sehr willkommen sein.

Strassburg, im Juli 1899.

PAUL HEITZ.

TAFELERKLÄRUNGEN.

Tafel CXXX.

Nr. 1 ist wohl der älteste Holzstock der Heitzschen Sammlung. Die Bildfläche ist leicht abgehobelt worden daher erscheint der Abdruck so schwarz. Der Holzschnitt schmückte vielleicht eine Elucidariusausgabe als sogen. Accipiesbild.

Nr. 2. Titelholzschnitt zu einem «Sermon» oder «Auslegung» für Roth- und Schwarzdruck eingerichtet.

Tafel CXXXI und CXXXII.

Nr. 3 und 4 dienten vielleicht zu Einblattdrucken oder als Titelblätter religiöser Werke.

Tafel CXXXIII und CXXXIV.

Die Nr. 5—8 sind offenbar Bruchstücke von Einblattdrucken, welche zu Neujahr ausgegeben wurden. Vgl. P. Heitz, Neujahrswünsche des 15. Jahrhunderts.

Nr. 7 ist auf einem Einblattdruck betitelt: «Tittel und Namen unsers Herren und Heylandes Jesu Christi. Allen frommen Christen zu einem guten Frieden in Druck verfertigt. Gedruckt zu Strassburg, bey Marx von der Heyden Im Jahr 1635» (L. B.) abgedruckt.

Tafel CXXXV—CXXXVIII.

Nr. 9—18 dienten zu religiösen Werken. Nr. 18 ist ganz besonders fein im Schnitt und ähnelt sehr den Holzschnitten des Martin Schön. Vgl. auch Nr. 1 Tafel CXXVII.

Nr. 19 scheint zu einer Ausgabe von Fischarts «Jesuitenhütlein» oder «Legend des vierhörnigen Hütleins» gedient zu haben. Vgl. Könnecke, Bilderatlas zur Geschichte der deutschen Nationalliteratur, 1895, S. 157; und O. Leixner, Geschichte der deutschen Nationalliteratur S. 264.

Nr. 20 stellt ein Todtenschifflein dar. Ein Holzschnitt dieselben Inschriften tragend mit drei Todtenköpfen oben und den Buchstaben E. T. unten

befindet sich Seite 52 in: «Schadaeus, Summum Argentoratensium Templum». Strassburg, Zetzner, 1617. 4°. (L. B.)

Tafel CXXXIX.

Nr. 21 ist abgedruckt auf S. LXXXIIII ᵇ in: «Psalmen, geystliche Lieder und Gesänge sambt etlichen Gebetten. Getruckt zu Strassburg durch Theodosium Riehel 1569». (Göttinger Universitätsbibliothek.) Der Holzstock kommt auch noch in späteren Ausgaben vor.

Nr. 22 und 23 dienten zu Volksbüchern.

Tafel CXL—CXLV.

Nr. 24—61 dienten zu biblischen Werken für den Schulgebrauch.

Nr. 50 ziert das Titelblatt von einem Abendmahl-Büchlein, gedruckt und zu finden in der Kürssnerischen Buchdruckerey zu Strassburg. ca. 1700. (L. B.)

Tafel CXLVI und CXLVII.

Nr. 62—71 sind in «Lehr-Taffel, oder Catechismus Strassburg, J. H. Heitz 1752» abgedruckt. Vgl. Tafel LXLVI.

Nr. 72 ist abgedruckt in: «Schickardi, Ius regium hebraeorum. Strassburg, Zetzner, 1625» S. 111. (Bibliothek des Wilhelmerstifts.)

Tafel CXLVIII—CLIII.

Nr. 73 und 74 befinden sich abgedruckt in Namenbüchlein oder Lehr-Tafel, Strassburg, J. H. Heitz o. J. (L. B.)

Nr. 75—82. Illustrationen zu einem Messbüchlein wie solche heutzutage noch viel verbreitet sind. Vgl. Katalog der im germanischen Museum vorhandenen Holzstöcke von XV.—XVIII. Jahrhundert. Zweiter Teil S. 18 ff.

Nr. 83—105. Wahrscheinlich dienten diese Holzstöcke zu Wallfahrts- oder Gebetszettel wie sie heutzutage an Wallfahrtsorten noch verkauft werden.

Tafel CLIV.

Nr. 106—111. Titelholzschnitte (?) zu Volksbüchern.

Tafel CLV.

Nr. 112 hat wohl zu einer strassburger Ausgabe der Reisebeschreibung des ritters herr hannsen von montevilla gedient. Vgl. Otto von Leixner, Geschichte der deutschen Litteratur S. 175: «Do ich ein andere insel do seid vnsauber lewt jnnen die habent nit häupter, vnd steend jnen die augen an den achselen, vnd der mund steet in mitten an der prust, vnd ist in krum als ein hüffeysen, vnd habend gar grosse augen.»

Nr. 113. Porträt eines sächsischen Kurfürsten.

Nr. 114 und 115. Holzstöcke zu Volksbüchern.

Tafel CLVI—CLVIII.

Nr. 116—126. Holzschnitte zur Illustration von Volksbüchern.

Nr. 122 gehört vielleicht einer strassburger Ausgabe des Till Eulenspiegels an.

Nr. 127 und 128 sowie die auf den Tafeln CVIII Nr. 2, CXIV Nr. 2, CXV Nr. 5 und 6, CXVI Nr. 9, CXVII Nr. 1ª bereits früher gebrachten Holzstöcke sind abgedruckt in: «Ein gantz lustige Histori, Von Hertzog Ernst, in Beyern und Oesterreich, Wie er durch wunderbarlichen Vnfall sich in gefährliche Reysen begab, darauss er mit etlich wenig seines Volcks wider erlediget, vnd Gnad von Keyser Otten erlangt, der jhm nach dem Leben gestelt hat, gar kurtzweilig zu lesen. Gedruckt zu Strassburg, bey Marx von der Heyden am Korn. marckt. Anno 1621. (Fürstlich Stolberg'sche Bibliothek in Wernigerode. Sammelband Pk. 170). Im gleichen Werke befindet sich auch auf S. 110 der Holzstock von Tafel CLX, Nr. 137 abgedruckt. Dass diese Stöcke schon in früheren und anderen Volksbüchern Verwendung fanden ist als sicher anzunehmen.

Tafel CLIX.

Nr. 129—132 gehören einer strassburger Ausgabe von Hertzog Ernst an. Noch roher geschnittene Stöcke, aber wie copirt von diesen hier abgedruckten, finden sich in einer frankfurter Ausgabe von: Hertzog Ernst. In gesangsweise. Mit schönen figuren geziert. Gedruckt zu Franckfurt am Mayn. Durch Eusebium Schmid. 1568. (Stadtbibliothek in Ulm.) Nach dieser Ausgabe folgen hier die Ueberschriften:

Nr. 129: Hertzog Ernst für die Thonaw zu Thal.
Nr. 130: Hie hawt Hertzog Ernst den Karfunckel.
Nr. 131: Hie erschlecht Hertzog Ernst den Schnebleten Mann.
Nr. 132: Hie müssten sie sich an einem felssen ablassen, vnd jre Ross lassen stehen vnd musten hernach zu fuss gehn.

Zu dem obenerwähnten Volksbuch gehört auch Nr. 2ª von Tafel CXXVII: Hie empfacht Hertzog Ernst die Keiserliche Kron.

Tafel CLX.

Nr. 133—139 sind zu strassburger Volks- und Heldenbüchern verwendet worden. Keine mir zu Gesicht gekommene Ausgabe dieser Werke enthält diese Holzstöcke.

Nr. 133 gehört zu der Geschichte der sieben weisen Meister: Des ersten Meisters, Baucilles, Beispiel von der Schlange und dem Hund.

Tafel CLXI—CLXIII.

Nr. 140—152 dienten zum Schmuck von Kalendern, Complexionsbüchern, Planetenbüchern etc.

Tafel CLXIV und CLXV.

Nr. 153—165. Wappen und Münzenabbildungen zu Münzordnungen.

Nr. 166 ist wohl als Titelbordüre eines strassburger Zunftbuchs oder Zunftkalenders verwendet worden.

Tafel CLXVI.

Nr. 166. Nach gefälliger Mittheilung des Herrn Dr. Forrer diente dieser Holzstock wahrscheinlich zum Bedrucken des Ueberzugpapiers von runden Schachteln.

NACHTRAG ZU BAND I UND II.

Zu Tafel X Nr. 2: befindet sich abgedruckt in: Agenda ecclesiae moguntinensis. Per Dom. Sebastianum. Moguntiae. Excudebat Franciscus Behem. 1551. (Priesterseminar.)

Nr. 5 befindet sich abgedruckt in: Statuta et decreta synodi Dioecesanae argentoratensis. Moguntiae. Franciscus Behem. 1566. (Priesterseminar.)

Zu Tafel XV: Einen Abdruck des 16. Jahrh. dieses Blattes besitzt Herr Ch. A. Widmann in Strassburg. Vgl. Katalog der Ausstellung von Kunst und Alterthum in Elsass-Lothringen. 1895 Nr. 1297. Die Universitäts- und Landesbibliothek besitzt einen späteren Abdruck des 17. Jahrh.: «gedruckt und zu finden bey Johann Heinrich Heitz.»

Zu Tafel XXXII Nr. 45: befindet sich abgedruckt in: Luther, Psalmen, geystliche Lieder und Gesänge. Strassburg. Theodosius Riehel. 1571. (Göttingen.)

Zu Tafel LXIV—LXVII: die meisten der Holzstöcke dieser Schreibvorlagen befinden sich abgedruckt in: Libellus valde doctus, elegans, et utilis, multa et varia scribendarum literarum genera complectens. Argentinae ex officina Theobaldi Bergeri. 1564. (Hohenlohemuseum.)

Zu Tafel LXXII: der Holzstock ist abgedruckt in: S. Otilien Fürstlichen herkommens, heiligen lebens vnnd wandels Histori. Durch Hieronymum Gebweiler, im Jar 1521 gestelt, vnd zu Strassburg gedruckt. Jetzo von neuwen, mit eim zusatz etlicher wunderzeichen, so auff S. Otilien Berg vnd sonsten beschehen, in truck verfertigt. Durch den würdigen Herrn Johan Schuttenheimer von Freiburg im Breissgaw, Priester vnd Pfarrer zu Ottenrodt vnnd S. Nabor, im Bistumb Strassburg. Gedruckt zu Freiburg im Breissgaw, durch Martin Boeckler. s. a. (Vorwort ist vom 22. October 1597 datirt.) (L. B.)

Zu Tafel LXXXVIII Nr. 1: dieser Holzschnitt ist auch abgedruckt in: Carion, Practica vnnd prognostication. 1543. (L. B.)

Zu Tafel LXLVII Nr. 2, 3, 4, 5, 6, 7, 8, 29 und 30: Diese Holzschnitte befinden sich in Luther, der kleine Catechismus. 1560. Samuel Emmel. (L. B.)

Zu Tafel CXXVIII: Facsimile-Abdruck bei Könnecke, Bilderatlas 2. Aufl. S. 95.

1

2

3

4

5

6

7

8

9

10

11

12

13

14

15

16

17

18

19

20

21

22

23

24

25

26

27

28

29

30

31

32

33

34

35

36

37

38

39

40

41

42

43

44

45

46

47

48

49

50

51

52

53

54

55

56

57

58

59

60

61

62

63

64

65

66

67

68

69

70

71

72

73

74

75

76

77

78

79   80

81

82

83

84

85

86

87

88

90

91

92

93

94

95

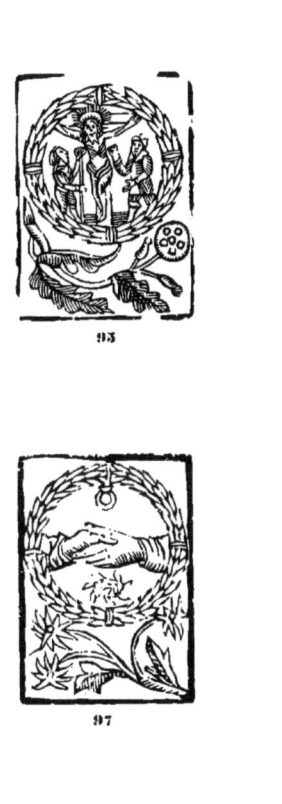

95

96

97

98

99

100

101

102

103

104

105

106

107

108

109

110

111

112

113

114

115

116

117

118

119

120

121

122

123

124

125

126

127

128

129

130

131

132

140

141

142

143

144

145

146

147

148

149

150

151

152

153

154

155

156

157

158

159

160

161

162

163

164

166